HEILUNG FINDEN

HEILUNG FINDEN

Ausgewählte Texte aus
Ein Kurs in Wundern®

Herausgegeben von
Frances Vaughan und Roger Walsh
mit Fotografien von
Jane English

Titel der Originalausgabe
A Gift of Healing
Selections from *A Course in Miracles*®
J. P. Tarcher, Inc., Los Angeles
Copyright © 1988 Foundation for Inner Peace,
Mill Valley, CA
Copyright der Begleittexte © 1988 Frances Vaughan
und Roger Walsh

Heilung finden
Ausgewählte Texte aus *Ein Kurs in Wundern*®
Copyright © 1994 Foundation for Inner Peace,
Mill Valley, CA
Ein Kurs in Wundern® ist als Marke eingetragen.
Copyright © 1999 der deutschen Ausgabe
Greuthof Verlag und Vertrieb GmbH, Gutach i.Br.
Alle Rechte vorbehalten

Übersetzung der Begleittexte: Franchita Cattani
Lektoriert von Gerhard Juckoff
Umschlagfoto: Simon, Atlantikbrandung
Gestaltung: Simon

1. Auflage 1999
ISBN 3-923662-44-0
Satz: TypoVision, Zürich
Gedruckt auf chlorfrei gebleichtem Papier
Printed in Germany

Einzelexemplare des Buches können vom Greuthof Verlag bezogen werden für DM 29,80 plus Porto (ab DM 50,– portofrei). Bitte legen Sie Ihrer Bestellung einen Euroscheck bei oder noch einfacher: Geben Sie uns Ihre Bankverbindung zum Lastschrifteinzug an – postwendend schicken wir Ihnen das Gewünschte zu.

Greuthof Verlag und Vertrieb
D 79261 Gutach i.Br.

Gerne senden wir Ihnen unser aktuelles Gesamtverzeichnis, auf Wunsch auch Informationen zu *Ein Kurs in Wundern*.

INHALT

Einleitung 9

1 Der Wunsch nach Heilung 19
   Die Entscheidung, zu heilen 20
   Die Bedingungen für die Heilung 23
   Einander heilen 28

2 Der Traum von Krankheit 35
   Der Schleier der Illusionen 36
   Trennung ist Krankheit 39
   Die Begrenzungen des Körpers 42
   Die Welt, die du siehst 47
   Zeit und Ewigkeit 50
   Von der Angst zum Glauben 57

3 Die Ursachen des Traums 63
   Angriff und Schuldzuweisung 64
   Das Entrinnen aus der Schuld 67
   Die Macht der Wahrnehmung 69
   Lernen und Lehren 74
   Der Geisteswandel 77

4	Die Mittel zum Erwachen	83
	Aus dem Traum erwachen	84
	Nach innen schauen	90
	Psychotherapie	95
	Vergebung und Dankbarkeit	98
	Wirklichkeit und Wahrheit	104
5	Die Freude der Freiheit	111
	Der heilige Augenblick	112
	Schau und Ganzheit	117
	Liebe und Freude	132
	Das Licht in dir	138
	Ruhe in G<small>OTT</small>	144

Quellenangaben	149
Die Herausgeber	154

Einleitung

Sicherlich bestreitet niemand, daß die Menschheit Heilung dringend nötig hat. Die Zeichen dafür sind für alle, die sie sehen wollen, in dieser von Kriegen erschütterten Welt deutlich sichtbar. Im Großen finden wir Kriege, Hungersnöte, Katastrophen und Krankheit; im Kleinen die unzähligen geringfügigen seelischen und körperlichen, geistigen und gefühlsmäßigen Verletzungen, die wir alle nur allzugut kennen. Krankheit und Tod, Schmerz und Kummer, Trennung und Verlust gehören offenbar zum Menschsein. Natürlich begegnet man auch streckenweise inniger Liebe, großer Freude und tiefem Frieden, und manche Menschen haben das Glück, viele solcher Erfahrungen zu machen. Doch der Schmerz dringt zuweilen sogar in das glücklichste Leben ein.

Die Hauptthemen der großen Religionen waren stets die Unzufriedenheit mit dem Leben, die Begrenzungen des Körpers und die Unabwendbarkeit des Todes. In der Unendlichkeit des Universums sind wir, wie es in den Psalmen heißt, »wie Staub«. Unser Leben ist nichts als »Mühsal und Beschwer, rasch geht es vorbei ... « (Ps 90,10). Und: »Wo ist der Mann, der ewig lebt und den Tod nicht schaut« (Ps 89,49)? In der Bhagavad-Gita sind die Weisen Menschen, die »die Fehler der Geburt, des Todes, des Alters, der Krankheit und des Leidens« zu sehen vermögen. »Alles Dasein ist leidvoll und unbefriedigend« besagt die erste edle Wahrheit des Buddha. In unserer Zeit haben die Existentialisten, die Angst und Verzweiflung als unentrinnbare Elemente des Menschenlebens bezeichnen, dieses Grundgefühl wieder aufgenommen.

Die großen Religionen bleiben jedoch nicht bei der einfachen Erkenntnis des Schmerzes unserer Alltagsexistenz stehen. Sie gehen weiter und verkünden, daß wir dem Schmerz entrinnen können; dazu bieten sie uns auch die Mittel an. Jede große Religion stellt fest, daß unser Leiden aus Unwissen und Illusion hervorgeht. Leiden, heißt es, entsteht, wenn wir vergessen, wer wir eigentlich sind – Kinder GOTTES, Atman, Buddhanatur oder eins mit dem Tao – und uns fälschlicherweise für begrenzte Wesen halten, für in einer Haut eingekapselte, in zerbrechlichen, vergänglichen Körpern gefangene Egos. Letztlich leiden wir, so die großen Religionen, an einer falschen Identität, einem falschen Selbstkonzept, einem irrigen Bild, das nur ein blasser Schatten unseres wahren grenzenlosen Seins ist. Wir leben nicht in der Wirklichkeit, sondern in der Illusion – Maya oder Samsara. Wir haben vergessen, wer wir eigentlich sind, und halten unsere Alpträume von Krankheit und Leiden fälschlicherweise für wirklich, während unser wahres Wesen unverändert und unveränderbar reines, strahlendes Satchidananda bleibt: grenzenloses Bewußtsein, reines Sein und Seligkeit.

Aus dieser Sicht werden die aus unserer Ego-Perspektive unentrinnbar scheinenden Krankheiten und Leiden als Illusionen begriffen, die unserem wahren Selbst in keiner Weise schaden können. Alles Leiden wird nur als Traum gesehen. Daraus folgt, daß die Heilung von Krankheit und Schmerz bedingt, daß wir aus unserem kollektiven Traum erwachen und uns daran erinnern, wer wir in Wahrheit sind. Dieses Erwachen wird in den verschiedenen Überlieferungen Erlösung, Satori, Befreiung oder Erleuchtung genannt. Dazu sind nicht unbedingt Veränderungen unserer Lebensumstände erforderlich, weil Schmerz und Krankheit bis hin zu dem Körper, den sie befallen, zum Traum gehören. Wir brauchen auch nicht danach zu trachten, unser wahres Wesen zu verändern, da es in der Tat unveränderbar ist. Vielmehr brauchen wir es nur wiederzuerkennen, uns daran zu erinnern und wieder darin zu erwachen, dann hören die scheinbaren Wirkungen des Alptraums vom Leiden auf. Wie es im Kurs heißt: »Diejenigen, die das Licht suchen, bedecken nur ihre Augen. Das Licht ist jetzt in ihnen. Erleuchtung ist gar keine Veränderung, sondern nur ein Wiedererkennen.« Diese Einsicht war von jeher das Ziel aller Weisheitslehrer und Überlieferungen in zahllosen Kulturen und über die Jahrhunderte hinweg, und alle boten einen Weg und eine Übung an, um sie zu erlangen.

Ein Kurs in Wundern ist eine Form dieser zeitlosen Weisheit, ein Weg zur Erleuchtung, ein Führer zum Erwachen, der uns Heilung finden hilft. Als solcher kann man ihn als zeitgenössische Fassung der »ewigen Weisheit« betrachten, jener allgemeinen Grundwahrheiten im Kern der großen Religionen.

Wie andere Formen dieser ewigen Weisheit beschreibt auch der Kurs die Allgegenwart des Leidens in der menschlichen Existenz und das allgemeine Bedürfnis nach Heilung. Daher bietet er uns einen Weg der Heilung und des Erwachens an, auf dem wir unsere Leidensträume als das begreifen lernen, was sie sind, und uns an unsere wahre Identität erinnern.

Auf diesem Weg diagnostiziert der Kurs unseren Zustand, schält die Ursachen dafür heraus und schlägt eine Behandlung vor. Wenn wir die Ursache, nämlich die falsche Wahl des Ego und damit Angst, Ärger und Angriff, loslassen, heißt es im Kurs, erwachen wir aus dem Traum und erkennen uns wieder als das, was wir immer gewesen sind: der eine SOHN GOTTES, grenzenlos, selig, voller Liebe und frei von allem Leiden.

Das Mittel zu dieser Heilung ist eine konsequente Übung und Bitte um die innere Hilfe, die alle schmerzlichen geistigen Einstellungen aufhebt. Diese Hilfe, im Kurs der HEILIGE GEIST, ersetzt Ärger durch Vergebung, Angst durch Liebe und Fluch durch Segen. Kurz, die »Geistesschulung«, uns immer wieder für den neuen Führer zu entscheiden, ist keine geringe Aufgabe und ist es noch nie gewesen. Zahllose Menschen haben ihr Leben diesem Ziel gewidmet und sich vor eine riesige Herausforderung gestellt gesehen. *Ein Kurs in Wundern* ist jedoch ein sanfter Weg, der bei dieser Aufgabe des Heilens und Erwachens keinerlei Opfer verlangt. Wie könnte es ein Opfer sein, heißt es darin, den Frieden und die Freude der Wirklichkeit an die Stelle der schmerzhaften Illusionen des Ego zu setzen?

So sieht der Kurs Heilung denn grundsätzlich anders an, als die Welt sie gemeinhin versteht, die die Ursache sowohl der Krankheit wie der Heilung im Körper ansiedelt, im Unterschied zum Kurs, der sie in den Geist zurückverlegt. »Krankheit stammt vom Geist«, heißt es darin immer wieder. Es ist also der Geist, der der Heilung bedarf.

Aus dem Blickwinkel der ewigen Weisheitslehren ist dieser grundsätzlich andere Ausgangspunkt vollkommen vernünftig. Wenn unser wahres SELBST unverändert und froh bleibt, während ein Teil des Geistes träumt, in einem begrenzten, leidenden Körper gefangen zu sein, dann ist es allerdings nötig, daß der Geist erwacht, und nicht, daß sich der Körper verändert. Der Körper ist lediglich ein Teil des Traums, den wir für uns gehalten haben. Der Kurs bietet also Heilung des Geistes an, was uns letztendlich gestattet, aus dem Traum von Krankheit, Leiden und Trennung von Gott zu erwachen.

Den Kurs hat eine Forschungspsychologin, Helen Schucman, zum Teil mit großem Unbehagen anhand eines inneren

Diktates aufgezeichnet. Sie hatte als Kind eine große Sehnsucht nach einem religiösen Verständnis, dann jedoch den Glauben aufgegeben, ihre Suche würde zu etwas führen, und bezeichnete sich in der Folge als »Atheistin«.

Bei der Niederschrift unterstützte sie ihr Kollege und Vorgesetzter, William Thetford. Beide waren angesehene Professoren für klinische Psychologie an der Columbia-Universität in New York und hatten bis dahin keinerlei Absichten, irgend etwas Religiöses zu schreiben. In ihrem Alltag und ihrer Arbeit waren sie auch nicht gerade spirituelle Vorbilder, sondern am drängenden und häufig bösartigen Wettbewerbsstreben und den inneren Machtkämpfen beteiligt, die auch in den besten Universitäten immer wieder anzutreffen sind. Heilung war auch in ihren Beziehungen nötig, die von Streitereien nicht verschont blieben. Doch wie es in *Ein Kurs in Wundern* heißt: »Die Leidensfähigkeit mag groß sein, sie ist aber nicht grenzenlos. Schließlich beginnt ein jeder zu begreifen – wie undeutlich auch immer –, daß es einen besseren Weg geben *muß*.«

Genau das dämmerte Bill Thetford eines Tages, als er plötzlich zu Helen sagte: »Es muß einen besseren Weg geben, miteinander umzugehen, und ich bin fest entschlossen, ihn zu finden«, worauf Helen antwortete: »Ja, das denke ich auch, und ich will dir dabei helfen.«

Wenige Wochen später begann Helen eine Reihe intensiver Bildfolgen vor ihrem inneren Auge zu sehen. Diese waren so deutlich, daß Helen anfänglich glaubte, sie würde ihren Verstand verlieren. Aber mit Bills Hilfe ließ sie sie zu; sie ergaben nicht nur für sie einen Sinn, sondern waren auch hilfreich für andere.

Schließlich hörte Helen nach drei Monaten, wie eine innere Stimme ihr sagte: »Dies ist ein Kurs in Wundern. Bitte schreib mit.« Wieder erschrak sie, glaubte, den Verstand zu verlieren, und sperrte sich zuerst dagegen, aber Bill empfahl ihr, das

Gehörte doch einfach in Steno mitzuschreiben. So begann eine siebenjährige Zusammenarbeit, bei der alles, was Helen diktiert bekam, jeweils in die Schreibmaschine übertragen wurde. So entstand *Ein Kurs in Wundern*. Die Heilung, um die es darin geht, insbesondere die Heilung von Beziehungen, zeichnet den Kurs eindeutig als den Führer zu einem besseren Weg aus, den zu suchen Helen und Bill gemeinsam übereingekommen waren. Die Entstehung des Kurses kann in Einzelheiten in Kenneth Wapnicks Biographie über Helen* nachgelesen werden.

Der Kurs besteht aus drei Teilen. Der erste ist das Textbuch, in dem sein Denksystem dargelegt wird. Der zweite ist ein praktisches Übungsbuch mit einer Lektion für jeden Tag des Jahres, und der dritte das Handbuch für Lehrer, in dem einige grundlegende Fragen besprochen und Begriffe erläutert werden. Danach wurden noch zwei kleinere Schriften über die *Psychotherapie* und das *Gebet* diktiert.**

Der Kurs ist in einer christlichen Sprache geschrieben, die im Original an die klassische King-James-Bibel anklingt. Manche Worte und Redewendungen hören sich veraltet an, und die Sprache ist durchweg männlich gehalten. Wenn jemand zu Beginn vielleicht Mühe mit der Sprache hat, könnte er schwierige Begriffe wohl vorübergehend durch andere ersetzen und beispielsweise »Befreiung« statt »Erlösung« oder »Kind GOTTES« statt »SOHN GOTTES« lesen.

Nachdem eine erste Abneigung gegen die altertümliche Sprache verflogen ist, tritt jedoch die dichterische Schönheit der Sprache und tiefe Wirkung der Botschaft klar zutage, und eine innere Wandlung kann nun beim Leser einsetzen. Man

---

* *Jenseits der Glückseligkeit,* erscheint im Herbst 1999 im Greuthof Verlag, Gutach i.Br.
** In *Die Ergänzungen zu Ein Kurs in Wundern*, Greuthof Verlag, Gutach i.Br.

hat die dichterische Qualität des Kurses vielfach mit den großen Werken der englischen Literatur verglichen; er ist über lange Strecken in jambischen Pentametern, dem Shakespeareschen Blankvers, verfaßt.

Mit seiner christlichen Sprache und seinen metaphorischen Bildern übermittelt der Kurs die ewige Weisheitslehre so, daß viele, die sonst keinen Zugang zu ihr hätten, sie annehmen können. Dennoch werden im Kurs Wert und Gültigkeit anderer Wege durchaus anerkannt; er erhebt keinen Anspruch darauf, der einzig richtige zu sein. Seine Botschaft der Heilung aller spricht denn auch dagegen, daß irgend jemand ausgeschlossen wird.

Dank seiner universalen Botschaft klingen im Kurs Themen und Gedanken an, die sich im Kern der großen Religionen wiederfinden. Er enthält zudem philosophische und psychologische Einsichten, die sowohl den alten Weisheitslehren und der modernen Forschung gerecht werden. Kurz gesagt, der Kurs ist ein außerordentlich reichhaltiger und dennoch äußerst praktischer Weg, der zur Heilung und zum Erwachen führt. Doch folgen tiefsinnige Gedanken so rasch und poetisch aufeinander, daß es schwerfällt, mehr als nur ein wenig auf einmal davon aufzunehmen. Daher ist die Auswahl kurzer Stellen zur näheren Betrachtung sicherlich eine Hilfe, damit der Leser sie besser würdigen und sich näher mit bestimmten Fragen beschäftigen kann. Darauf zielt *Heilung finden* ab.

Die hier aufgenommenen Zitate behandeln vor allem die Heilung. Wir haben aus der Fülle des Kurses diejenigen Stellen ausgesucht, die uns am tiefgehendsten, bewegendsten und poetischsten erschienen. Aber genauso, wie einige wenige Noten die Herrlichkeit einer Sinfonie nicht wiedergeben können, kann eine Auswahl die Breite, Tiefe und vielen Dimensionen von *Ein Kurs in Wundern* nicht übermitteln. Dazu greift man am besten doch zur vollständigen Ausgabe des Kurses. Wir hoffen, *Heilung finden* möge für diejenigen Leser, denen der Kurs nicht bereits vertraut ist, ein Anstoß sein, sich eingehender mit ihm zu beschäftigen.

Ein Kurs in Wundern hat unser Leben stark beeinflußt, und wir sind sehr dankbar, ihn auf diese Weise anderen näherbringen zu können. Wir hoffen, daß die nachfolgenden Stellen etwas von der Schönheit und dem Nutzen des Kurses vermitteln und allen, die sie lesen, Heilung schenken mögen.

1
Der Wunsch nach Heilung

Unsere körperliche Gesundheit und der Zustand der Welt spiegeln Wünsche und Abwehrmechanismen, Phantasien und Ängste wider. Um geheilt zu werden, müssen wir diese ungesunden Motivationen fallenlassen und durch den Wunsch nach Heilung ersetzen. Ebenso müssen wir eingefahrene Reaktionsmuster wie Ärger, Angriff und das Gefühl individueller Besonderheit fallenlassen, die uns von anderen trennen. Dieses Getrenntsein ist die Krankheit, unter der wir leiden.

Im Kurs wird betont, daß Heilung nicht für uns allein sein kann, weil wir in Wirklichkeit nicht allein und getrennt sind. Wir müssen einander helfen; daher sind Beziehungen der Angelpunkt der Heilung. Im Kurs heißt es, »daß du in deinem Bruder nur dich selber siehst«. Der Wunsch nach einem besseren Weg wird daher zur Triebkraft sowohl für unsere als auch die Heilung anderer.

Wenn wir anderen helfen und ihnen Heilung bringen, werden auch wir geheilt. Das Ergebnis ist eine Beziehung, die zu einem »Tempel der Heilung« geworden ist, in dem die Heilung als Unternehmen erkannt wird, das auf Zusammenarbeit beruht und zur Einsicht in die uns allen zugrundeliegende Einheit führt.

Deine Funktion in dieser Welt ist Heilen.

Die Entscheidung, zu heilen

Die Entscheidung,
zu heilen und geheilt zu werden,
ist der erste Schritt zur Einsicht in das,
was du wahrhaft willst.
Jeder Angriff ist ein Schritt,
der davon wegführt,
jeder Heilungsgedanke
bringt es näher.

Geheilt sein heißt,
ein einziges Ziel zu verfolgen,
weil du nur eines akzeptiert hast
und nur eines willst.

Nichts ist, getrennt von deinen Wünschen,
schädlich oder wohltätig.
Es ist dein Wunsch,
der es zu dem macht,
was es in seiner Wirkung auf dich ist.

Es gibt kein Wunder,
welches du nicht haben kannst,
wenn du nach Heilung verlangst.
Es gibt jedoch kein Wunder,
das dir gegeben werden könnte,
wenn du es nicht willst.

Deine Funktion auf Erden
ist Heilung.

Solange du glaubst,
andere Funktionen zu haben,
so lange wirst du
der Berichtigung bedürfen.
Denn dieser Glaube ist
die Zerstörung des Friedens.

Heilung wird immer beiseite treten,
falls sie als Bedrohung gesehen wird.
In dem Augenblick, in dem sie
willkommen ist, ist sie da.
Wo Heilung gegeben wurde,
wird sie empfangen werden.

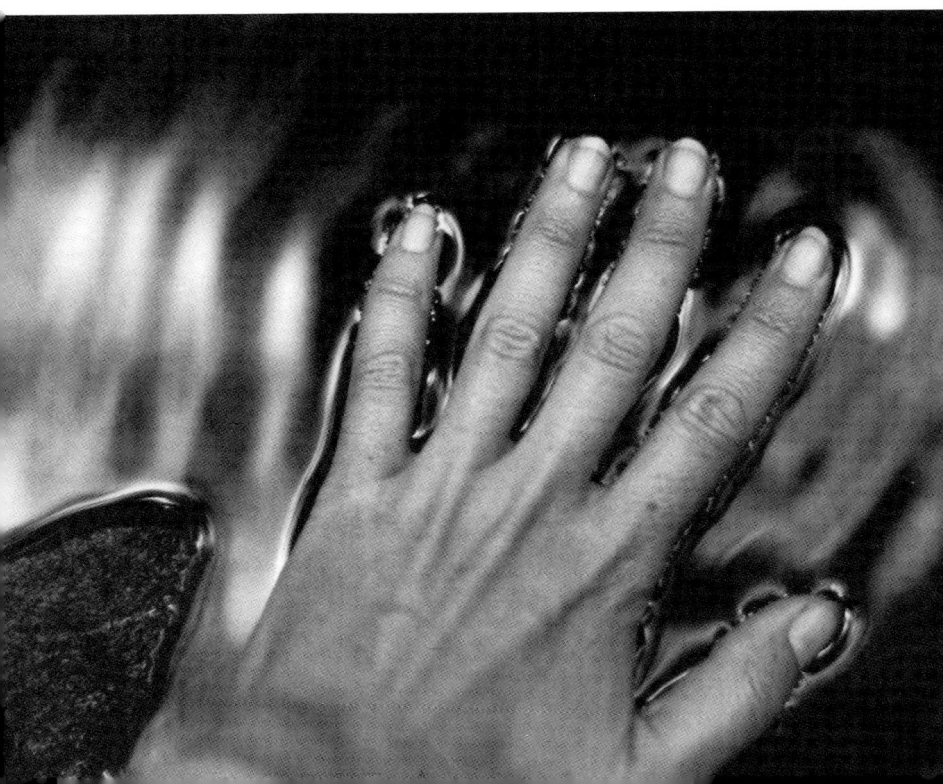

Du bist,
gemeinsam mit deinem Bruder,
zur heiligsten Funktion berufen worden,
die diese Welt enthält.
Sie ist die einzige,
die ohne Grenzen ist und
die mit Heilung und
mit einigendem Trost
bis zu jedem zerbrochenen Fragment
der SOHNSCHAFT reicht.
Das wird dir angeboten in deiner
heiligen Beziehung.
Nimm es hier an, und
dann wirst du so geben,
wie du angenommen hast.

Mag es genügen,
daß du Arbeit zu verrichten hast,
um deine Rolle zu spielen.
Das Ende muß für dich verschleiert bleiben,
bis dein Teil getan ist.
Es ist nicht von Belang.
Denn nach wie vor ist dein Teil das,
wovon alles übrige abhängt.

Die Bedingungen für die Heilung

Heilung ist die Wirkung von Geistern,
die sich verbinden,
wie Krankheit von Geistern,
die sich trennen, kommt.

Wenn du nicht gewillt bist, einen Hilferuf
als das wahrzunehmen, was er ist,
dann deshalb, weil du nicht gewillt bist,
Hilfe zu gewähren und
zu empfangen.
Einen Hilferuf nicht zu erkennen heißt,
die Hilfe zu verweigern.
Möchtest du behaupten,
daß du sie nicht brauchst?
Das aber behauptest du,
wenn du es ablehnst,
die Bitte eines Bruders zu erkennen,
denn nur indem du auf seine Bitte eingehst,
kann dir geholfen werden.

So, wie du die Bedürfnisse deines Bruders deutest,
deutest du auch deine.
Indem du Hilfe gibst,
bittest du darum.

Es mag jemandem helfen,
ihn darauf hinzuweisen, worauf er zugeht,
doch das ist sinnlos,
wenn ihm nicht auch geholfen wird,
seine Richtung zu ändern.
Der ungeheilte Heiler kann das nicht für ihn tun,
da er es für sich selbst nicht tun kann.
Der einzige Beitrag von Bedeutung,
den der Heiler leisten kann,
besteht darin, ein Beispiel abzugeben von einem,
dessen Richtung *für* ihn geändert worden ist
und der nicht mehr an Alpträume
irgendwelcher Art glaubt.

Die Heilung nimmt nichts im Heiler wahr,
was nicht jeder andere
mit ihm teilt.

Heilung sieht keinerlei Besonderheit.
Sie kommt nicht von Mitleid,
sondern von der Liebe.

Es gibt dort keine Traurigkeit,
wo ein Wunder hingekommen ist,
um zu heilen.
Und nichts mehr als nur
ein Augenblick deiner Liebe ohne Angriff
ist vonnöten,
damit all dies geschehe.
In jenem einen Augenblick bist du geheilt,
und in jenem einen Augenblick
ist alle Heilung geschehen.

Heilung spiegelt unseren gemeinsamen Willen.
Das ist offensichtlich, wenn du bedenkst,
wozu die Heilung dient.
Heilung ist die Art und Weise,
wie Trennung überwunden wird.

Du hast gelernt,
daß du Heilung brauchst.
Möchtest du der SOHNSCHAFT irgend etwas anderes bringen,
wenn du dein Bedürfnis nach Heilung
für dich selbst begreifst?

Nimm das Wunder der Heilung an,
und es wird aufgrund dessen, was es ist,
hinausgehen.
Es entspricht seinem Wesen,
sich in dem Augenblick auszudehnen,
in dem es geboren wird.
Und es wird in dem Augenblick geboren,
in dem es angeboten und empfangen wird.
Niemand kann einen anderen darum bitten,
geheilt zu werden.
Aber er kann *sich* heilen lassen und
so dem andern das anbieten,
was er empfangen hat.
Wer kann dem andern etwas schenken,
was er nicht hat?
Und wer kann teilen,
was er sich selbst verweigert?

Wenn du nur wünschst, geheilt zu werden,
dann heilst du.
Dein ungeteilter Zweck macht dies möglich.
Doch wenn du Angst vor Heilung hast,
kann sie nicht durch dich kommen.
Das einzige, was für eine Heilung erforderlich ist,
ist das Fehlen von Angst.
Die Angstvollen werden nicht geheilt und
können nicht heilen.
Das heißt nicht, daß zum Heilen
der Konflikt für immer deinen Geist verlassen haben muß.
Hätte er es,
so würde Heilung nicht gebraucht.
Vielmehr bedeutet es, daß du
– wenn auch nur einen Augenblick –
liebst, ohne anzugreifen.
Ein Augenblick reicht aus.
Wunder harren nicht der Zeit.

Die einzige Art und Weise
zu heilen
ist die, geheilt zu werden.

Diejenigen,
die geheilt sind,
werden zu den Werkzeugen der Heilung.

Einander heilen

Heilung beruht auf Zusammenarbeit.

Es ist unmöglich,
daß irgend jemand
allein geheilt wird.
In der Krankheit muß er getrennt und separat sein.
Heilung jedoch ist seine eigene Entscheidung,
wieder eins zu sein und
sein S<small>ELBST</small> zu akzeptieren.

Werde deinen Brüdern gerecht,
sonst wirst du dir selbst nicht gerecht.
Betrachte sie mit Liebe,
damit sie erkennen mögen, daß sie Teil von dir sind,
und du von ihnen.

Von dir kann ihre Ruhe kommen.
Aus dir kann eine Welt erstehen,
auf die zu schauen sie frohlocken werden und
wo sie frohen Herzens sind.
In dir ist eine Schau,
die sich zu ihnen allen ausdehnt und
sie mit Sanftmut und
mit Licht bedeckt.

Vielleicht wirst du sie weder alle
wiedererkennen noch bemerken,
wie groß dein Anerbieten an die ganze Welt ist,
wenn du die Heilung zu dir kommen läßt.

Laß zu, daß du geheilt wirst,
damit du versöhnlich sein und
deinem Bruder und dir selber
die Erlösung schenken mögest.

Deine Heilung erspart sowohl ihm
wie dir Schmerz,
und du bist geheilt,
weil du ihm wohlgewollt hast.

Deine Heilung ist Zeugnis
für die seine und kann von der seinen
keineswegs getrennt sein.

Verbring nur einen Augenblick
im freudigen Annehmen dessen,
was dir gegeben ist,
um es deinem Bruder zu geben,
und lerne mit ihm,
was euch beiden gegeben wurde.

Und du wirst verstehen,
daß seine Sicherheit die deine ist
und daß mit seiner Heilung
auch du geheilt wirst.

Verhält ein Bruder sich wahnsinnig,
so kannst du ihn nur dadurch heilen,
daß du die geistige Gesundheit in ihm wahrnimmst.

Es ist dir gegeben,
ihm durch deine Heilung zu zeigen,
daß seine Schuld nur ein
sinnloses Traumgespinst ist.

Du bist am Ende einer uralten Reise angelangt
und merkst noch nicht,
daß sie vorüber ist.
Noch bist du müde und erschöpft, der Wüstenstaub
scheint noch deine Augen zu umwölken
und dich blind zu machen.
Doch ER, DEN du willkommen hießest,
ist zu dir gekommen und
möchte dich willkommen heißen.
Er hat lange darauf gewartet,
dir dies zu geben.

Empfange es nun von IHM,
denn ER möchte,
daß du IHN erkennst.
Nur eine kleine Staubwand
steht noch zwischen dir und deinem Bruder.
Hauche sie leicht an mit einem frohen Lachen,
und sie fällt weg.
Und gehe in den Garten ein,
den die Liebe für euch beide
vorbereitet hat.

Betrachte deinen Bruder wie dich selbst.
Eure Beziehung ist jetzt ein Tempel der Heilung,
ein Ort, an den die Müden alle kommen können,
um auszuruhen.

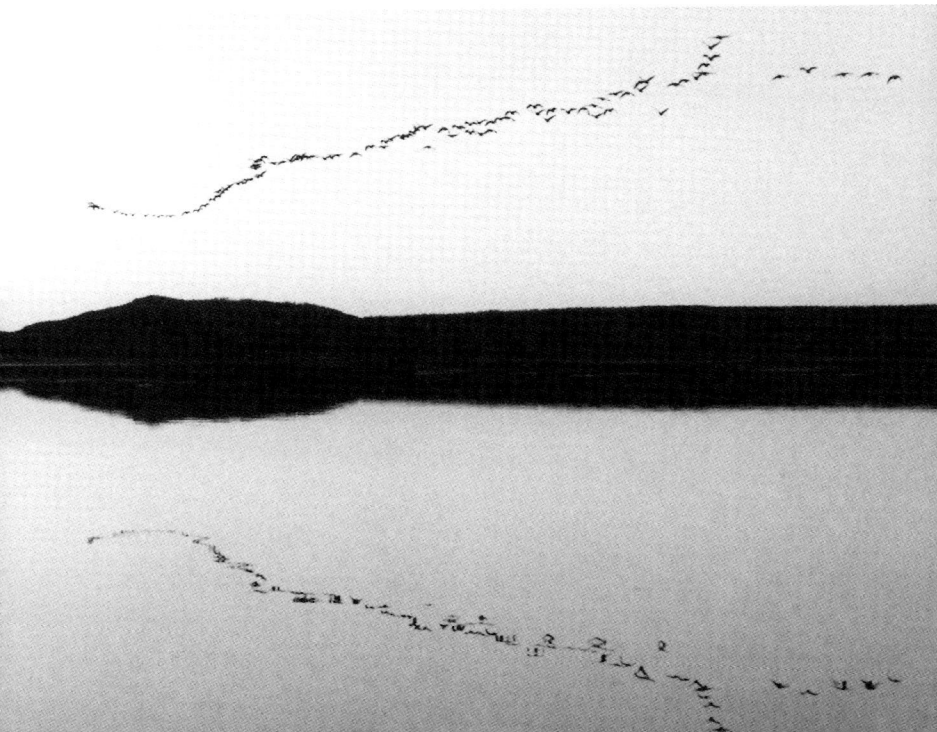

Benutze keine Beziehung dazu,
dich in der Vergangenheit festzuhalten,
sondern werde mit jeder
täglich von neuem geboren.
Eine Minute, sogar weniger, reicht aus,
um dich von der Vergangenheit zu befreien.

Laß uns gemeinsam dem Wege folgen,
den uns die Wahrheit weist.
Und laß uns die Anführer sein
für unsere vielen Brüder,
die den Weg suchen,
ihn jedoch nicht finden.

Wir gehen über den Schleier der Angst hinaus und
leuchten gegenseitig uns den Weg.
Die Heiligkeit, die uns geleitet,
ist ebenso in uns
wie unser Heim.

2
DER TRAUM VON KRANKHEIT

*In unserem kollektiven Traum glauben wir, von G*OTT *und voneinander getrennt zu sein. Die Begrenzungen des Körpers, Krankheiten, Leiden und Tod erscheinen erschreckend wirklich und unentrinnbar. Wir sind offenbar hilflose Opfer des Körpers und der Welt, die einen Augenblick lang flüchtige Freuden genießen, bevor sie uns wieder entrissen werden. Kein Wunder, daß wir in einer solchen Angst leben.*

Diese Angst ist laut Kurs die Ursache und die Wirkung unserer Träume. Sie ist eine Illusion, die auf einer eingebildeten Vergangenheit und Zukunft beruht. Wie alle Illusionen maskiert sie ihre Unwirklichkeit durch die Wahrnehmungsverzerrungen, die sie auslöst. Erst, wenn wir alle Illusionen und Ängste sorgfältig ansehen, erkennen und durchschauen wir ihre Verzerrungen, Unwirklichkeit und völlige Machtlosigkeit. Am Ende wird die Trennung als »eine fehlerhafte Formulierung der Wirklichkeit, ohne jede Wirkung« erkannt. Der Körper wird lediglich als Symbol dessen gesehen, was wir zu sein glaubten, und wir erkennen, daß die wahre Funktion sowohl der Welt als auch des Körpers Heilung ist.

Vergebung ist, was diese Welt dringend braucht,
aber nur, weil es eine Welt der Illusionen ist.

Der Schleier der Illusionen

Was sonst ist Heilung
als die Beseitigung all dessen,
was der Erkenntnis im Wege steht?
Und wie sonst sind Illusionen aufzulösen außer dadurch,
daß man sie geradewegs anschaut,
ohne sie zu schützen?
Deshalb fürchte dich nicht,
denn das, was du betrachten wirst,
ist die Quelle der Angst,
und du fängst an zu lernen,
daß Angst nicht wirklich ist.

Alle Illusionen
sind Illusionen der Angst
– und sie können nichts anderes sein.

Keine Illusionen
können den Geist anziehen,
der sie transzendiert und
weit hinter sich gelassen hat.

Wie leicht vergehen Götzen,
wenn sie noch wahrgenommen werden,
aber nicht mehr gewünscht.
Wie willig der Geist sie gehen lassen kann,
wenn er verstanden hat,
daß Götzen nichts sind, nirgendwo
und ohne Zweck.

Vergiß denn nicht,
daß Götzen das versteckt halten müssen,
was du bist,
nicht vor GOTTES GEIST,
sondern vor deinem eigenen.

Es kann keine Rangordnung der Schwierigkeit
in der Heilung geben,
einfach weil alle Krankheit
Illusion ist.

Sei dankbar,
daß es einen Ort *gibt*,
an dem Wahrheit und Schönheit
auf dich warten.
Schreite voran,
um ihnen freudig zu begegnen,
und lerne, wieviel dich
für die einfache Bereitwilligkeit erwartet,
nichts aufzugeben,
weil es nichts ist.

Da ist kein Graben,
der die Wahrheit von den Träumen und
von Illusionen trennt.
Die Wahrheit hat an keinem Ort,
zu keiner Zeit,
Raum für sie gelassen.
Denn sie füllt jeden Ort
und jede Zeit.

Trennung ist Krankheit

Die Welt,
die du wahrnimmst,
ist eine Welt der Trennung.

Die Trennung ist nur
eine fehlerhafte Formulierung der Wirklichkeit,
ohne jede Wirkung.

Trennung ist nicht mehr
als eine Illusion der Verzweiflung.

So lernst du von IHM,
wie du deinen Traum der Trennung durch
die Tatsache der Einheit ersetzen kannst.
Denn die Trennung ist nur die Verleugnung der Einheit
und bezeugt,
richtig gedeutet,
deine ewige Erkenntnis,
daß die Einheit wahr ist.

Ein Kranker nimmt sich als von GOTT getrennt wahr.
Möchtest du ihn als von dir getrennt sehen?
Es ist deine Aufgabe, das Gefühl der Trennung zu heilen,
das ihn krank gemacht hat.
Es ist deine Funktion, für ihn zu begreifen,
daß das, was er über sich selbst glaubt,
nicht die Wahrheit ist.

Es ist deine Vergebung, die ihm dies zeigen muß.
Die Heilung ist ganz einfach.

Krankheit stammt nicht vom Körper,
sondern vom Geist.

Krankheit als eine
Entscheidung des Geistes zu akzeptieren
– für einen Zweck, für den dieser
den Körper benutzen möchte –
ist die Grundlage der Heilung.
Und das gilt für Heilung in allen Formen.
Ein Patient entscheidet sich, daß dies so ist,
und er gesundet.
Wenn er sich gegen die Gesundung entscheidet,
wird er nicht geheilt.
Wer ist der Arzt?
Nur der Geist des Patienten selbst.
Das Ergebnis ist das, wovon er entscheidet,
daß es das Ergebnis sein soll.

Heilung geht mit einem Verständnis dessen einher,
wofür die Illusion der Krankheit da ist.
Heilung ist ohne dies unmöglich.

Du fürchtest dich,
den Willen GOTTES zu erkennen,
weil du glaubst, er sei nicht deiner.
Dieser Glaube ist deine ganze Krankheit und
deine ganze Angst.
Hier entsteht jedes Krankheits- und Angstsymptom,
weil dies der Glaube ist, der macht,
daß du nicht erkennen *willst*.

Und da du das glaubst,
verbirgst du dich in der Dunkelheit und verleugnest,
daß das Licht in dir ist.

Den Frieden anzunehmen
heißt die Illusion leugnen,
und Krankheit *ist* eine Illusion.

Dies ist der Tag, an dem die Heilung zu uns kommt.
Dies ist der Tag, an dem die Trennung endet,
und wir erinnern uns, WER wir wirklich sind.

Die Begrenzungen des Körpers

Der Körper
ist das Symbol dessen,
was du zu sein vermeinst.

Du aber hast aus ihm ein Symbol
für die Begrenzungen gemacht,
von denen du möchtest, daß dein Geist sie haben,
sehen und behalten solle.

Setzt du den Körper zum Angriff ein,
so ist er für dich schädlich.
Nutzt du ihn nur dazu, den Geist jener zu erreichen,
die Körper zu sein glauben,
und sie *durch* den Körper zu lehren,
daß es sich nicht so verhält,
dann wirst du die Macht des Geistes verstehen,
die in dir ist.

Krankheit ist Ärger,
der am Körper ausgelassen wird,
damit er Schmerz erleide.

Du bist nicht krank,
und du kannst nicht sterben.
Aber du kannst dich mit Dingen verwechseln,
die das tun.

»Ich bin kein Körper. Ich bin frei.«
Es ist wesentlich für deinen Fortschritt in diesem Kurs,
daß du den heutigen Gedanken akzeptierst und er dir lieb ist.
Kümmere dich nicht darum,
daß er für das Ego völlig wahnsinnig ist.
Dem Ego ist der Körper teuer, weil es in ihm wohnt
und mit dem Heim, das es gemacht hat, vereint lebt.
Er ist Teil der Illusion,
die es davor geschützt hat,
selbst als illusionär befunden zu werden.

Das Ego verwendet den Körper zum Angriff,
zur Lust und für den Stolz.
Der Wahnsinn dieser Wahrnehmung
macht sie fürwahr angsteinflößend.
Der HEILIGE GEIST sieht den Körper
nur als ein Kommunikationsmittel an,
und weil Kommunizieren Miteinanderteilen ist,
wird es zur Kommunion.

Betrachte Körper ausschließlich als Mittel,
um Geister zu verbinden
und sie mit dem deinen
und dem meinen
zu vereinen.
Diese Deutung des Körpers
wird dein Denken über seinen Wert
völlig verändern.

Im Dienste des Vereinens
wird er zu einer wunderschönen Lektion in Kommunion,
die so lange Wert hat,
bis Kommunion *ist*.

Heilung ergibt sich daraus,
daß der Körper einzig und allein
zur Kommunikation eingesetzt wird.

Einen Körper
als irgend etwas anderes
als ein Mittel zur Kommunikation zu sehen
heißt deinen Geist begrenzen und
dich selbst verletzen.

Du wirst vom Körper nicht begrenzt.
Doch kann der Geist
durch den Körper manifestiert werden,
wenn er über ihn hinausgeht und ihn nicht
als Begrenzung deutet.
Jedesmal, wenn du einen anderen als
vom Körper begrenzt oder auf ihn begrenzt siehst,
erlegst du dir diese Begrenzung selber auf.

Bist du gewillt, das zu akzeptieren,
wenn der ganze Zweck deines Lernens
doch der sein sollte,
Begrenzungen zu entrinnen?

Setze ihn für die Wahrheit ein,
und du wirst ihn wahrheitsgemäß sehen.
Mißbrauche ihn,
und du wirst ihn mißverstehen.

Gesundheit stellt sich ein,
wenn jeder Versuch aufgegeben wird,
den Körper lieblos zu benutzen.

Hilfe und Heilung
sind die normalen Äußerungen eines Geistes,
der *durch* den Körper wirkt, aber nicht *in* ihm.

Der Geist kann den Körper heilen,
der Körper aber nicht den Geist.

Wenn der Körper aufhört, dich anzuziehen,
und du ihm keinen Wert mehr beimißt als einem Mittel,
um irgend etwas zu bekommen,
dann wird es keine Störung
in der Kommunikation mehr geben,
und deine Gedanken werden so frei sein
wie diejenigen GOTTES.

Ich bin kein Körper. Ich bin frei.
Denn ich bin nach wie vor wie GOTT mich schuf.

Die Welt, die du siehst

Dies *ist* eine wahnsinnige Welt,
und unterschätze ja das Ausmaß ihres Wahnsinns nicht.
Es gibt keinen Bereich deiner Wahrnehmung,
den er nicht berührt hat.

Lerne, die Welt als Mittel zu betrachten,
das die Trennung heilt.

Sei geheilt,
damit du heilen mögest.

Deine Heilung wird sich ausdehnen
und zu Problemen gebracht werden,
von denen du dachtest,
daß es nicht deine eigenen sind.

Die Heilung ersetzt das Leiden.
Wer auf das eine schaut,
kann das andere nicht wahrnehmen,
denn sie können nicht beide dasein.
Und was du siehst, dafür wird die Welt Zeuge sein,
und das wird sie bezeugen.
So ist denn deine Heilung alles,
was die Welt braucht,
damit sie geheilt sein möge.

Du willst die Welt nicht.
Das einzig Wertvolle darin sind jene Teile,
die du mit Liebe ansiehst.
Das verleiht ihr die einzige Wirklichkeit,
die sie je haben wird.

Die Auferstehung der Welt
erwartet deine Heilung und dein Glück.

Die Welt wird nun zu einem Ort der Hoffnung,
weil ihr Zweck allein darin besteht,
ein Ort zu sein,
an dem sich Hoffnung auf das Glück erfüllen kann.
Und niemand steht außerhalb dieser Hoffnung,
weil die Welt vereinigt ist im Glauben,
der Zweck der Welt sei einer,
den alle miteinander teilen müssen,
wenn die Hoffnung mehr sein soll
als bloß ein Traum.

Komm zum heiligen Augenblick und sei geheilt,
denn nichts, was dort empfangen wird,
wird dort zurückgelassen
bei deiner Rückkehr in die Welt.
Und da du gesegnet bist, wirst du Segen bringen.
Leben ist dir gegeben, um es
der sterbenden Welt zu geben.

Wenn ich geheilt bin, bin ich nicht allein geheilt.
Ich möchte meine Heilung teilen mit der Welt,
damit Krankheit aus dem Geist
von GOTTES einem SOHN gebannt sein möge,
DER mein einziges SELBST ist.